Erica Natale

Aus fernen Inseln: Wind…

Gedichte

Wiesenburg Verlag

Bibliographische Information der Deutschen Nationalbibliothek:

Die Deutsche Nationalbibliothek verzeichnet diese Publikation in der Deutschen Nationalbibliographie; detaillierte bibliographische Daten sind im Internet über http://dnb.ddb.de abrufbar.

1. Auflage 2009
Wiesenburg Verlag
Postfach 4410 · 97412 Schweinfurt
www.wiesenburgverlag.de

Umschlaggestaltung und Layout:
Media-Print-Service · 97456 Dittelbrunn

Umschlaggestaltung nach einem Photo von Emanuel Malcke, »Gasse in Polignano«

ISBN 978-3-940756-30-5

Für Emanuel

I. Verzweigungen

II. Kastanienkind

III. Zehen ohne Lack

IV. Reise nach Apulien

V. Aus fernen Inseln: Wind ...

Verzweigungen

Verzweigungen

In meinen Adern
das Blut, taghell.
Kleine Äste in den Fingern.

Mein Leben fließt
auf stillen Wegen,
verzweigt sich
und schwebt davon,
ein kleines Blatt im Wind.

Ahornsamen

zu einer Skulptur in Benrath

Aus der Luft
schwingt sich ein Wort herab,
flattert, fängt sich,
hinterläßt eine Spirale
als seine unsichtbare Spur.

Wir werden es antreffen,
drei Mal,
Rücken an Rücken stehend,
den Blick in Stein gemeißelt,
mannshoch auf dem runden Platz.

Wähle einen der drei Wege
zur richtigen Antwort.

Der Engel

für meinen Vater

Laß mich Engel sein
am Quell des Lichts,
barfuß über Wolken
wandern, fliehen
im Wechsel der Gestalt.

So bin ich Wehen
im Laub der Zitterpappel,
bin Wasserring beim Sprung
des Kiesels, bin Staubkorn
in der Abendsonne Strahl.

Und am Ende riesengroß
auf meiner Flügel Schatten
trage ich dich fort,
wenn du die Augen schließt.

Schrei im Licht

Kirschbäume
flüstern unentwegt
in rosa Gleichnissen.

Ich hör ihr wirres
Reden ...

Sie biegen
die düstern Gliedmaßen,
kopflos tanzen sie
im hellen Spitzenkleid.

Birken
erleiden die Messer
der Verliebten,
ich fühl den Stich
im Herzen, ihr Verlangen
nach Entsagung.

Unendlich fülle ich mich
mit Farben und mit Lauten,
frühlingsverrückte Natur!
Unter dem blauen Pantheon
verhallt
mein Schrei im Licht.

Auf meines Herzens Blatt

Gierig wie die Schwalbe
jage ich nach Worten,
die im Glanz entschweben
auf weißem Blütenstaub.

Worte, ihr Samen des Lichts,
die tags der Sonne entfallen,
gefüllt mit hellem Blut
wie der Leib einer Mücke.

Verborgen im Kelch der Seerose,
auf meines Herzens Blatt
träumt ihr, gestaltlos noch,
im Meer der Nacht.

Rosenschere

Ich schere mich nicht,
um die rote Rose,
die Wildwuchs treibt
im aufgewühlten Gartenland.

Einfall vom Heer der Zwerge.

Der Klang ihrer bloßen Klingen
zerbirst im Schattenlicht.

Die Schwalbe

Der Schrei verfängt sich
in sommerlichem Haar,
grau wie das Kommende.

Aus spitzen Mündern
ein heiseres Versprechen
von steinernen Balkonen herab.

Unruhe des Sonntagabends,
Erwartung einer neuen Zeit.

Weiden am Wegesrand

Riesen, einäugig,
haben hier
die Staubwedel
abgestellt.
Sie stauben damit
den Himmel ab
von Winter und von Wolken.

Und durchsichtig blinkt
die gläserne Glocke
über kleinen Menschen
in ihren Nußschalen
auf Wasserpfützen.

Weißes Blatt

Entflohen im Wehen,
eine leichte Entscheidung
für Freiheit, allein.

Ein winziges Segel,
führungslos
in grüner Dünung.

Deine Linien,
blutleer,
nicht zu beschreiben
mit menschlichen Zeichen.

Nachlassende Vibration

Unerwartet
trifft mich dein Grün,
Kirschbaum aus alten Tagen,
der du meinen Schlaf bewachst.

Zerrissen
der weiße Schleier,
das Blütenfest
verrauscht.

Im Inneren
nachlassende Vibration.

Laufen lernen

Füße im Wind
lassen die Zehen spielen,
endlich frei.
Weiß und nackt und kühl.
Befreite Füße
lernen wieder laufen.

Aromatraum

Eine Tasse Tee,
die Hände zu wärmen.
Widerspruch,
in der Stirn pochend,
schläft ein
auf dem Vanillegrund.
Aromatraum.

Feder, dein Vogelwort

Feder,
dein Vogelwort
flügelt zwischen Blättern
im Auf und Ab
zeitlicher Schwingungen.

Eine Zweigexistenz
ohne Fallen
im Rhythmus der Luft.

Leichte Geister
meiner Phantasie.

Zeit

Zeit in einem Korbstuhl.
Zeit fließt
ruhig wie ein großer Fluß.
Früher sprang sie über die Steine
wie ein kleiner Bach.
Du kannst dich ans Ufer setzen,
in einen Korbstuhl,
den du geflochten hast
in der Zeit,
die dir gegeben war.

Kastanienkind

Kastanienkind

Ich blättere
in den Wäldern der Frühe
und finde das Kastanienkind
mit dem verfilzten Haar.

Natur nährte mich,
der Asphalt der Städte
brachte mich hervor.

Auf dem Gehweg
spielten wir Spiele
mit Kreidestrich und Wäscheklammer.
In den Gärten
erkletterten wir Monumente,
liefen Rollschuh mit roten Schnallen.
Doggen schnappten
nach unseren bloßen Kniekehlen
und der Kies in den Wunden tat weh.

An den Sonntagen
trank ich das Grün der Hügel.
Der Fluß floß träge und braun
vorbei an bunten Schaukeln
unter klebrigen Platanen.

Behausung

Berge,
in der Dunstbläue
gestaffelt wie Kulissen.
Im Kreisen des Adlers
besteig ich Treppen aus Wind.

Fels,
über Abgründen geneigt,
mühsam gehalten
von Wurzeln und Moos,
Platz für meine Behausung.

Murmeltiere grüßen,
bringen Briefe
mit pelzigem Siegel.
Und mit den Ziegen
springen Ideen heran
aus dünnen Höhen.

Lufttänze der Erfindung.

Silberner Flügel des Klangs

Laß deinen Atem tönen,
schwingen die Säule,
die im Licht erlischt.

Verströme dich in tiefen Wellen,
die glänzen in der Nacht,
wenn die Erde schweigt.

Auch du, setz deinen Fuß
auf die höchsten Wipfel,
genährt von der Luft.

Silberner Flügel des Klangs.

Spaziergang I

Es atmet der Wald,
die Säulen erbeben,
dein Schritt verhallt
ungehört im Nebel.

In den Zweigen hängen
Nester, ein Versprechen
an dein schwarzes,
eingeschlossenes Herz.

Spaziergang II

Schwer blühen
von Regen und von Feuchte
die Rhododendren.
Stimmen lachen
über der Stadt.
Fremde Unschuld
im Ohr des Waldes.

Mit einem Wort

Töne der Flöte,
aus silbernem Röhricht
mit kleinen Fähnchen winkend.

Ihr steigt auf
wie Drachen im Wind,
von luftigem Wirbel erfaßt,
an der strengen Schnur
der Lippenmeisterin befestigt.

Verwegene Möglichkeit,
euch mit einem Wort zu fangen.

Flötentöne

Aus der Wiege des Tages
im Schaukeln gefallen
deckt ihr abends
die Gestade des Bettes.

Wie Flocken verstreut
ein weicher Teppich,
auf euch läßt sich leicht
mit Zehen gehen.

Und zuletzt schmelzt ihr,
zufällig verweht,
auf dem warmen See der Träume.

Schweißperlen

Krankheit,
ich lasse dich hier
im Ohrensessel, die Wange
gelehnt in die flache Hand,
die Wärmflasche auf dem Bauch.

Ich aber werde barfuß
rennen durch Mohnwiesen
und mein Herz wird flattern
wie ein Schmetterling,
wenn ich in seine Arme springe.

Danach bleibt,
die Schweißperlen zu streuen
unter die behaarten Schweinchen
philosophischer Herden.

Der Rausch der Muschel

Am Saum ankommen.
Windungen bohren sich
in die rauhe Salzfläche,
die Hand zwischen Sandkörnern
ans Ohr gekauert.

Muschel,
ein schönes Skelett.

Treppen, Verbindungen
in Perlmutt geschlagen.
Aufbrausendes Gedächtnis
in weißen Kreisen
um den versunkenen Punkt.

Ich höre das Blutmeer rauschen!
Und tauche hinab
in den Sog der Spirale.

Bissen des Lichts

Wenn dir die Zeit
ins Herz frißt,
abgebrochene Monde
in die Dünen stürzen,

flicht dir einen Korb
aus nächtlichen Halmen,
leg ihn aus mit Stoff der Natur,
mit Lebensbahnen,
und fülle ihn
mit buchstäblicher Mühe
und Wörterschatz.

Sie werden sich nähren
von deinen Früchten,
von mundfertigen Stücken
im Wald der Angst:
Bissen des Lichts
am gegabelten Weg.

Seelengrün

Keime des Schmerzes,
eingepflanzt
in unschuldigen Boden,
wo kindliche Pflanzen
sich schüchtern regen.

Vielleicht Unkraut nur
und Lichträuber
für stolzere Gewächse
oder aber Halme,
auf denen ein Waldgott
dein Lebenslied erklingen läßt,
und Seelengrün
für ungemalte Bilder.

Schmerz,
werde heiter und wachse!

Es liegen Gedichte ...

Mit dem Regen
im Gespräch bleiben,
mit den Flecken
auf dem Rosenblatt
in Kommunikation.

Es liegen Gedichte ...,
durchfliegen die Luft,
verdichten sich, kondensieren:
kleine Tropfen
am Glas meiner Seele.

Entstehen und fallen
auf Papier,
lösen sich auf
im Strom des Bewußtseins.

Zehen ohne Lack

Zehen ohne Lack

Zehen ohne Lack
bespitzeln den Entdecker
meiner Füße, bar
der Socken, vorgebliche Hüllen
abgestreift auf dem Parkett
der Zivilisation, Kissenland,
eine Welt, zusammengesetzt
aus Ikea und Liebe,
nicht eitel, ein bißchen nudistisch,
hängende Brüste hochleben lassen,
Duldung haariger Nasen.

Sand in den Winkeln
und Feuchte der Augen
mit Lippen besprechen,
aufgewacht aus Armen
des warmen, zweisamen Schlafs.

Zwei Paar Augen

Mein Gefühl verflüssigt sich
in Liebe zu dir,
unsere Brillen,
abgelegt neben dem Bett,
beobachten uns
mit leerem Blick.

Hase ohne Hülle

Dunkles Auge ohne Weiß
und Wissen, steinerner Glanz
zwischen Halmen,
dahingeworfen in ängstliche
Schluchten von Grün.

Ein Hase genießt Gras,
sein Schokoladenfell
ohne Aluminiumhülle,
unverpackt zu jeder Jahreszeit.

Blickloser Blick ins Menschengesicht.

Liebes- ABC

Du liest mein Alphabet
und wirst heimisch
im Delta meiner Beine.
Der Schatten der Jalousien
läßt mich ein Zebra sein,
sei du mein Alphatier
und führe mich
durch die unstillbaren Gründe
der Liebe bis wir
das Omega erreicht haben.

Regenreich

Dies ist mein Regenreich,
mein Obdach die Pelerine,
trinke Himmelswasser,
hüpfe in den Pfützen,
tanze mit den Ratten.

Ich bin reich an Regen,
Nebel und Wolken
sind mein Element,
ich bin der Regent.

Es rauscht im Regenreich,
weich ist der Boden
unter den gelben Stiefeln
und weich die Haut
um mein durchnäßtes,
noch pulsierendes Herz.

Kirschen

Endlich reif
habe ich doch
den Zeitpunkt versäumt.

Die Vögel unwirsch
haben euch niedergepickt:
klaffende Wunden im Fleisch,
entblößter Kern.

Oder verfault am Baum
mit schwarzer Weste
zu einem nie stattfindenden
Konzert.

Wer bist du

Noresund knarzt:
Umtausch nicht vorgesehen.
Schaf mit Hut, Bär mit Schal:
kichernder Stoff im Gestänge.

Nach dem Akt fällt
der Vorhang aus Hautfalten
und braunem Haar.

Die Stille, gesättigt
mit rosa Geruch.

Wer bist du, ich glaubte,
dich gäbe es nicht mehr,
mein Alles am Sonntagnachmittag,
das Nichts in meinem Efeuturm.

Pastellwolken

Pastellwolken, weich
am Himmel gezeichnet:
neuer Anbruch des Rokoko.

Kleine Menschen fahren
in schwarzen Kutschen,
Mozart lebt, sein Leid
und seine Heiterkeit
füllen mich, bis
es überläuft auf Papier.

Die Zeichen am Himmel:
neuer Anbruch des Rokoko.

Verbindung

Alte Liebe wählt
die Verbindung in der Ferne,
wühlt Erdreich und Staub auf
in tieferen Grüften der Liebe,
die längst ausgesaugt.

Neue Liebe breitet
bald die Armeslängen aus,
läßt Lippen klaffen unerfüllt
in der Kerzennacht, die Hitze
wallt in den Tag.

Kontingenz

Der Gang durch den Park
unter Regengüssen:
der Blitz umschmeichelt
meine sterblichen Umrisse,
ich spüre den Funken,
am Knauf des Regenschirms,
an den Fingern meiner Hand.

Im Schreck erhellter Augenblick:
es denkt in mir das Ende.

Die Schritte vorbei
an den schwarzen Vitrinen
des Bestattungsinstituts
unter neuen Vorzeichen.

Amphibienliebe

Komm
an meinen Jadebusen,
Verwegener, dring ein
in meine Gefilde,
du Triebtier,
in meine Lagune
fall ein,
laß dich befeuchten
von meiner Amphibienliebe.

Fleisch an Fleisch,
mimetisiert
im blinden Zwischenreich,
die Wärme wechselnd
im zuckenden Unterleib,
gleite hinein
ins nasse Dunkel,
die Milch gieß aus
zum Fest der Vereinigung.

Feld des Vergessens

Ein Feldweg: hier fuhr
ein Schiff vorüber
in den weichen Gräserwellen.

Die Weite öffnet ihr Auge
zum zerklüfteten Himmel,
erhabenes Gewühl
aus Luftgeschöpfen
und blauen Götterspuren.

Unterm Himmel
die Blumentöchter lehren
den Wurzeln das Gehen,
säen die Asche aus,
würzen das Feld mit Vergessen.

Die letzte Blume

Meine Seiten bleiben weiß,
Tag für Tag umgewendet,
die Buchstaben im Gewimmel
um mich her, sie steigen
nicht herab auf meine Blätter.

Es herbstet schon,
die Bücher schlafen,
die Zeichen eilen nicht mehr,
die Zeit steht still,
auf den Seiten liegt Staub.

Aus der Asche
am Ausgang des Tages
die letzte Blume erwacht.

Pupille

Der schwarze Punkt
verschluckt die Felder.

Die Felder blühen
im Inneren fort.

Reise nach Apulien

Am Rand der Erde

Aus der Bläue fort
treibt der Wind die Möwen
hinein ins Pfirsichlicht.
Wie Liebende leicht
auf der luftigen Jagd,
Nähe und Ferne
nach ungeschriebenem Gesetz.

Die erste Straßenlaterne,
wankelmütig noch
im verlöschenden Tag,
überdauert das Licht
auf der anderen Seite.
Der Leuchtturm beginnt
seinen kreisenden Dienst,
schwarz am Rand der Erde.

Schwarz leuchten nun auch
die Vögel, die sich versammeln
für den Weg nach Nirgendwo.

Weiße Stadt, Polignano a mare

Die rote Erde trägt
Olivenbäume in durstigen Reihen:
graue Stämme, groteske Grimassen
ziehen an staubigen Fenstern vorbei.

Dann die weiße Stadt
mit hängenden Blumenbalkonen
und die Gischt, die Wellen
zerfetzt am steinernen Strand.

Häuser über Abstürzen gedrängt,
Felsen wie Brotlaibe im Meer:
Nahrung für mein Auge,
das, ermüdet vom Nebel,
sich flüchtet hierher.

Wogendes Blau sich breitet,
unter mir saugende Tiefe,
unendlich sich öffnet Gebärde.

Im Land der alten Götter,
die aus Schulbüchern entflohen,
herrscht Lachen und Schwärmen
an erhöhtem Sonnenort.

Stadtpark, Piazza Garibaldi

Die letzten Bäume trotzen
dem Straßenverkehr ringsum.
Hellgrüne kleine Blätter
wie Tropfen hängend
an den Armen des Kandelabers.
Palmen mit braunen Halskrausen
und dem Fächerhaar,
geduckt im trockenen Boden.

Auf viel zu kleinen Bänken
gestikulierende Greise
mit Bartstoppeln und entblößten Zähnen.
Eine rothaarige Frau sanft
im Gleichschritt des dunklen Mannes.
Lachende Menschen und Streit
hinter grünen Jalousien.

Über allem unsagbar eine Sonne,
die Steine bersten läßt,
und mittendrin mein deutsches Ich,
verwandlungsbereit, eine kleine Insel noch
im Meer der Sprache.

Eine Handvoll Meeresblau

Auf der Reise: unwirklich die Höhe,
die Alpen wie eine Landkarte
ausgefaltet unter den Flügeln.

Am Strand sein: eine Berglandschaft
in Miniatur, Sandgipfel und graue Hänge
mit dem Blick überfliegen.

Die Klarheit vermessen,
eine Handvoll Meeresblau schöpfen:
unmögliches Unterfangen.

Promenade

Liebespaare, ineinander verschnürt,
necken sich auf den Bänken.
Liebespaare flanieren, gesättigt
von Sonne und Meer.

Ich bilde auch ein Liebespaar,
braungebrannt,
mit meinem germanischen Koloß.

An uns vorbei:
Touristen, sandalenbesockt,
triviale Abenteurer des Südens,
ich lächle ein wenig.

Die Fischer klopfen die Kraken weich
auf der schmutzigen Mauer.

Ich möchte so gern
nur Rilkes Metaphern sehen,
doch ich sehe auch
die rissige Haut an den Händen.

Ort des Bleibens

Ich kenne die Botschaft der Graffiti
und die winselnden Hunde am Hafen.

Ich weilte lange hier.

Die braunen Augen am Kiosk
waren stets dieselben,
doch die Vögel in den Palmen
blieben mir unbekannt.

Ich reise bald.

Die Welle hält nicht inne,
die Gischt vor dem Mund,
und die Oliven werden reifen,
ohne mich.

Ich reise bald, die Sehnsucht bleibt.

Optimisten

Ich sehe am Horizont
die kleinen, weißen Barken,
die man Optimisten nennt.

Ich mache es so wie sie:
ich lasse mich nicht
von der Dingwelt überfluten.

Nach jeder Welle,
die meinen Bug gerammt,
richte ich mich wieder auf.

Flugtechnik

Die Angst zu fliegen:
die Angst, glücklich zu sein.

Die Helligkeit brennt
auf den heiseren Lippen,
in Wolken einzutauchen:
Watte auf den Schmerz.

Unbeschwert sein
die schwerste Flugtechnik.

Aus fernen Inseln: Wind …

Wind

Aus fernen Inseln: Wind…

Langt mir ins Haar
mit leeren Händen, schreibt
den vergessenen Namen
auf die glatte Stirn, hebt
vom Erdboden das Nichts
zu größeren Taten.

Durch die Bahnhöfe
geht er, ein Reisender
ohne Botschaft, mit Luft
in den Taschen, über den Augen
die Tarnkappe, er greift
den Mantelsaum auf
in der Menge. Ein Atemzug
auf den Gleisen der Ankunft.

Fahr hin, fahr hin
in den Spuren des Staubes.

Herbstlicher Garten

Blätter, Luftschiffchen
schaukeln hinunter, legen sich
auf die Narben des Grases.
Gelbe Tupfer,
bei jedem Windhauch mehr.

Pilze, die fremde Invasion,
sie stehen geschlossen:
eine strenge, herrische Sippe,
mit Hüten wie Rembrandt.

Sie schauen herab
auf die fleischigen Äpfel
mit ihren geröteten Wangen
und Spuren vom Himmelsfall.
Unter dem hölzernen Tisch,
wo sie sich verborgen,
murmeln einige Kugeln
ihre letzten Litaneien.

Gedächtnis

Es wurzelt darin das Gestern,
davor die Türme der Zukunft
mit farbigen Fahnen.

In den gealterten Gängen
zu Gnomen gestaucht
- auf und ab das Getrippel -
Gedanken mit verschleierten Köpfen
zwischen Büchern und Türen,
schlürfen Geschehenes.

Variationen über die Fledermaus

Fledermäuse füllen mich
mit geschwollenen Bäuchen,
sie schmettern die Flügel,
sie schmettern und schmettern,
gebären die Nacht.

Düstere Noten, beflaggt
zu einer stummen Symphonie,
das große Ohr gepreßt
an den Wandel der Luft,
Membranen vibrieren,
verorten Woher und Wohin.

Schwarzer Schmetterling
über Wiesen aus Stein,
du bahnst dir aus Trotz
deine Wege im Äther,
flatterst die Negation herbei,
die Schwester des Todes.

Am Ende siegt der Mythos:
du läßt dir einen Mantel wachsen
und steigerst dich zum Vampir,
die rote Zeit auszusaugen,
die Augenblicke zu raffen
im Vorhang der Ewigkeit.

Wer sagt

Wer sagt,
im Herbst dunkelte es?
Bäume brennen
rot und gelb
und der Nebel
blendet mich,
so weiß wie Augäpfel!

Gelb und unzählig

An der Wende zum November,
wenn sich die Toten
die Obelisken hinaufranken
und die Trauben
zwischen den Zähnen hängen …

Baumlaub, gelb und unzählig,
fordert seine Wirklichkeit
in der noch grünen Vorstellung,
schimmert so intensiv
in der transparenten Luft,
als könnte man daraus
die Farbe der Reclamhefte destillieren,
Erkennungszeichen
für germanistische Winternahrung.

Und so lesen wir
von den Toten und leben
vom Baumlaub, gelb und unzählig.

Veränderung

Perlen tropfen im Zwielicht,
Zeit von Siena und Umbra.

Ich aber
wische mit Fingerspitzen
Rost und Patina ab,
streiche die Blätter neu
für das werdende Jahr.

Später soll mein Freund
sie an den Zweigen verteilen,
ich helfe dabei.

Im Duett entstehen Zeilen,
die nicht notiert sind
in den Kalendern des Weltgeschehens.

Fassaden

Renoviert nur
eure Fassaden.

Ich arbeite lieber
an meinen Innenräumen.

Büchlein

Ihr gabt mir Speise.

Was wäre ich ohne die,
die mir Speise geben.

Und Gespräch.

Und doch:
am meisten fand ich mich
im Geschriebnen wieder,
unter dem Dach meiner Hütte
im Büchlein lesend,
das ich mir ausgewählt.

Schritte

Unter dem Regen
die sechs Farben,
gespannt zum Bogen.

Zähle die Schritte
bis zum Erblassen.

Vielleicht gehst du
nicht mehr hindurch.

Kultur

Im Stillen ziehe ich
den Winter groß
in meinem Herzen.

Steppenwölfin

Allein sein
mit dem Vanillemond,
auf das Schlagen der Stunde
horchen, an den Menschen
in Feiertagsmänteln riechen,
das Licht aus den Stuben erhaschen.

Atemspuren legen an den Fenstern,
unbemerkt, herumstreunen
im Dazwischen, auf Treppen und Straßen,
zwischen Hund und Mensch und Wolf,
an der Grenze die Krallen wetzen.

Bellen, weinen, heulen.